FULL SCORE

WSL-18-017
＜吹奏楽セレクション楽譜＞

およげ!たいやきくん〜潜れ!さかなクン Ver.〜

佐瀬寿一　作曲
宮川成治　編曲

楽器編成表

木管楽器	金管・弦楽器	打楽器・その他
Piccolo	B♭ Trumpet 1	Drums (Normal)
Flutes 1 (& *2)	B♭ Trumpet 2	Drums (Easy) ※パート譜のみ
*Oboe	*B♭ Trumpet 3	*Timpani
*Bassoon	F Horns 1 (& *2)	Percussion 1
*E♭ Clarinet	F Horns 3 (& *4)	...*Bass Drum ,Bongo
B♭ Clarinet 1	Trombone 1	*Percussion 2
B♭ Clarinet 2	Trombone 2	...Sus.Cymbal,Tambourine,
*B♭ Clarinet 3	*Trombone 3	Claves
*Alto Clarinet	Euphonium	Percussion 3
Bass Clarinet	Tuba	...Glockenspiel,Xylophone
Alto Saxophone 1	Electric Bass	*Percussion 4
*Alto Saxophone 2	(String Bass) ※パート譜のみ	...Marimba,Vibraphone
Tenor Saxophone		
Baritone Saxophone		Full Score

＊イタリック表記の楽譜はオプション

およげ!たいやきくん～潜れ!さかなクン Ver.～

◆曲目解説◆

　東京スカパラダイスオーケストラとさかなクンがスペシャルコラボレーションした、『およげ!たいやきくん～潜れ!さかなクン Ver.～』が吹奏楽譜になりました！以前『Paradise Has No Border』でコラボレーションし話題を呼んだスカパラとさかなクン。今回は、あの誰でも知っている不朽の名曲『およげ!たいやきくん』をカバー！哀愁漂う音楽が、爽快なスカに大変身しています。さかなクンは今回クラリネットを披露。スカパラとさかなクンの息ぴったりな演奏が楽しめる、カッコよさ抜群の一曲です！この吹奏楽譜は、スカパラのキレのある演奏を忠実に再現。そこに吹奏楽のダイナミックさがプラスされた、迫力満点の演奏が楽しめるアレンジとなっています！カッコいいサウンドを聴かせつつ、会場一体となって盛り上がれるので、演奏会にうってつけの一曲です！

◆宮川成治　プロフィール◆

　1972年、神奈川県三浦市生まれ。高校時代に吹奏楽と出会い、音楽人生が始まる。当時は打楽器を担当していた。作編曲は独学で、初めて編曲じみた事をしたのは高校3年生の頃だったように記憶している。その後、一般の大学に進むも音楽の楽しさが忘れられず、学生バンドの指導を始め今に至る。
　作曲よりも現場のニーズに合わせた編曲をする事が多く、叩き上げで今の技術と知識を身に付けた。現在は学生バンドを指導する傍ら、地域の吹奏楽団・ビッグバンド等で演奏活動を続け、作品を提供している。主な吹奏楽作品に『BRISA LATINA』、『CELEBRATION』、『STAR of LIFE』、『Angels Ladder』、編曲作品多数。第12回「21世紀の吹奏楽"響宴"」入選、出品。

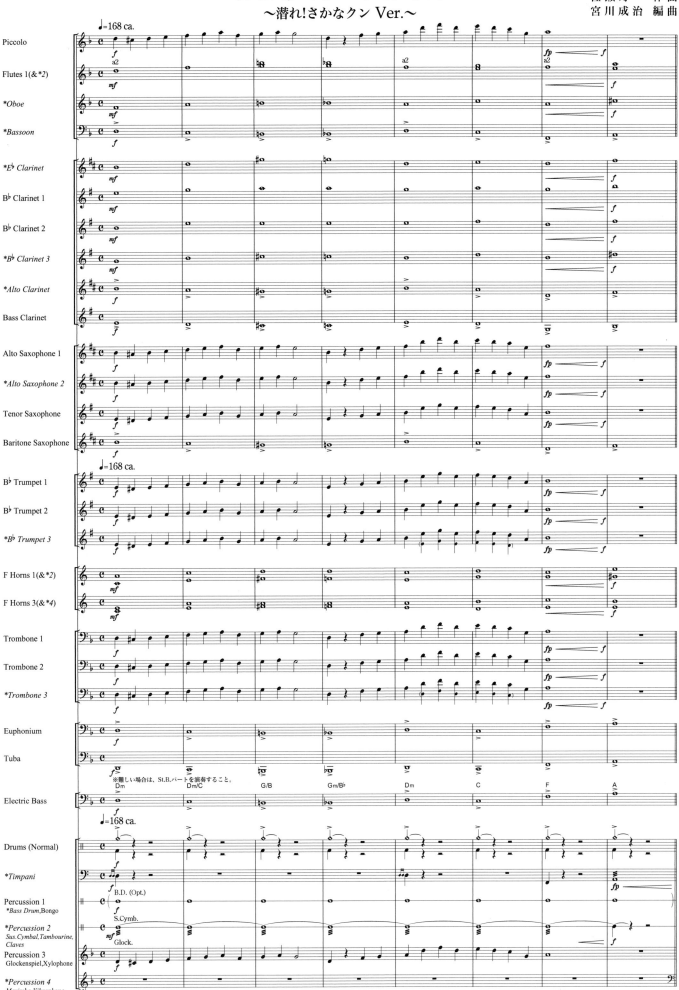

およげ!たいやきくん〜潜れ!さかなクン Ver.〜 - 5

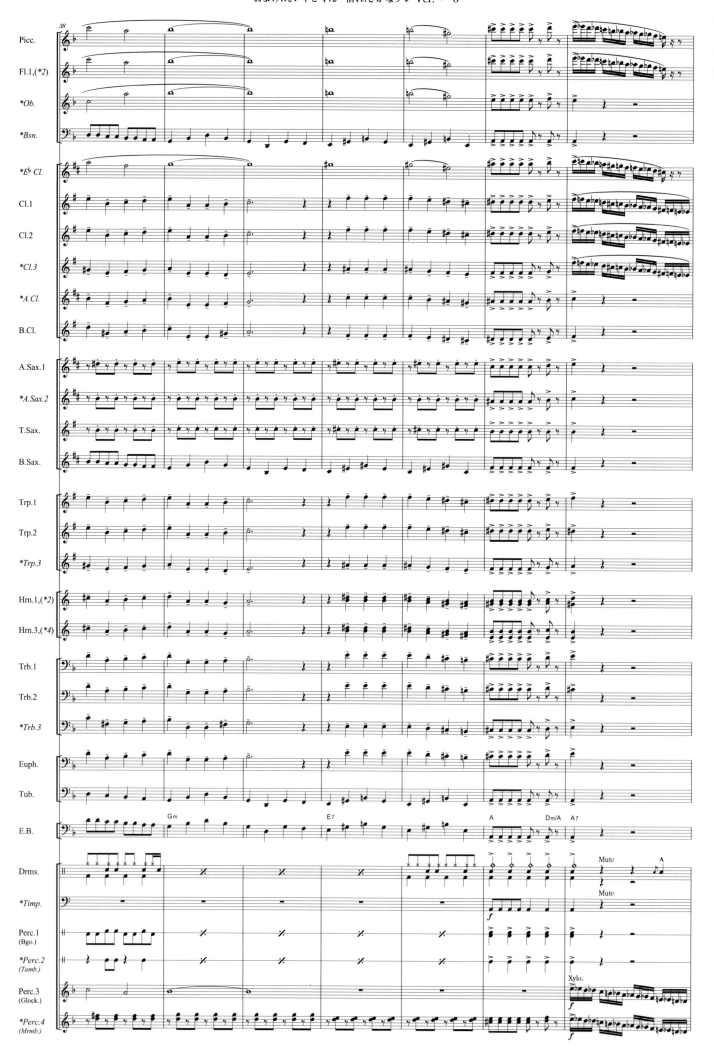

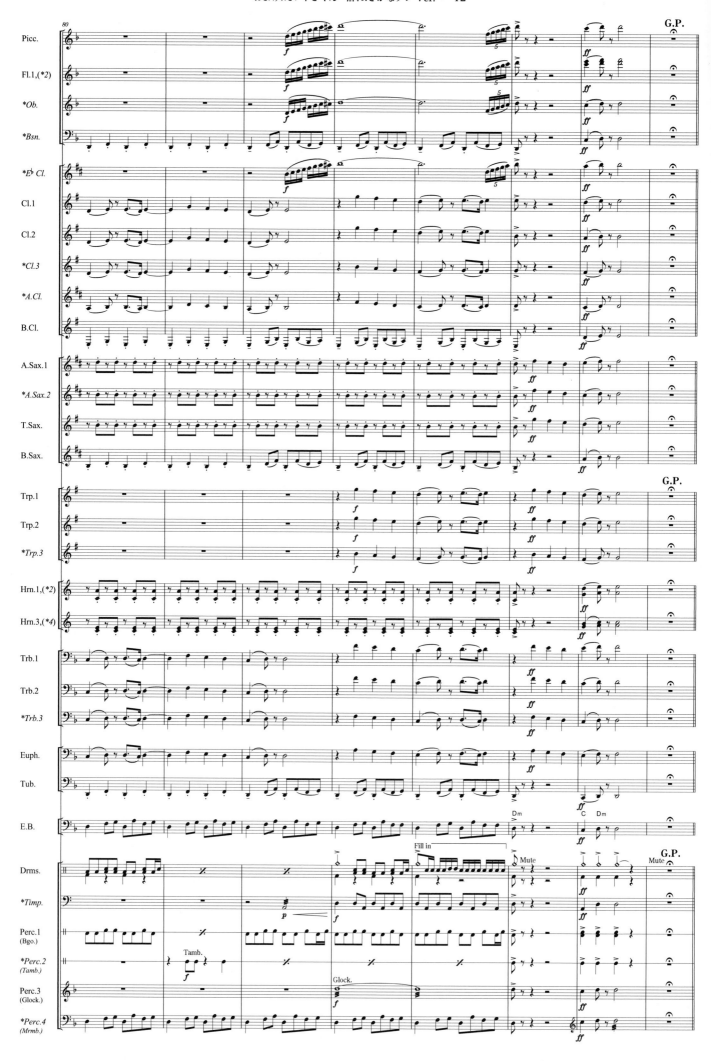

ご注文について

ウィンズスコアの商品は全国の楽器店、ならびに書店にてお求めになれますが、店頭でのご購入が困難な場合、当社PC&モバイルサイト・FAX・電話からのご注文で、直接ご購入が可能です。

◎当社PCサイトでのご注文方法
http://www.winds-score.com
上記のURLへアクセスし、WEBショップにてご注文ください。

◎FAXでのご注文方法
FAX.03-6809-0594
24時間、ご注文を承ります。当社サイトよりFAXご注文用紙をダウンロードし、印刷、ご記入の上ご送信ください。

◎電話でのご注文方法
TEL.0120-713-771
営業時間内にお電話いただければ、電話にてご注文を承ります。

◎モバイルサイトでのご注文方法
右のQRコードを読み取ってアクセスいただくか、URLを直接ご入力ください。

※この出版物の全部または一部を権利者に無断で複製(コピー)することは、著作権の侵害にあたり、著作権法により罰せられます。

※造本には十分注意しておりますが、万一落丁乱丁などの不良品がありましたらお取替え致します。また、ご意見ご感想もホームページより受け付けておりますので、お気軽にお問い合わせください。

Percussion 4

Marimba, Vibraphone

東京スカパラダイスオーケストラ×さかなクン
およげ!たいやきくん
～潜れ!さかなクン Ver.～

佐瀬寿一 作曲
宮川成治 編曲

Percussion 2
Sus.Cymbal, Tambourine, Claves

東京スカパラダイスオーケストラ×さかなクン

およげ!たいやきくん
~潜れ!さかなクン Ver.~

佐瀬寿一 作曲
宮川成治 編曲

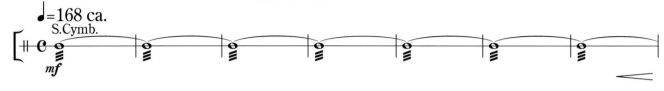

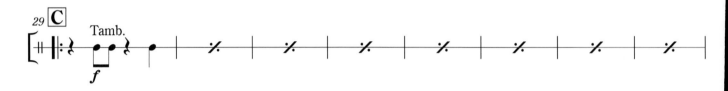
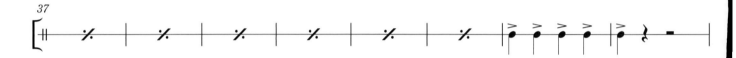
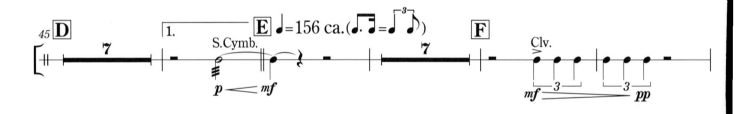
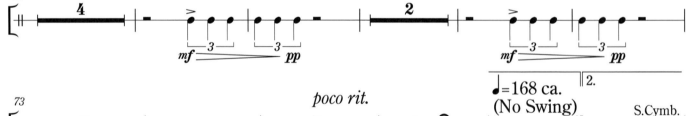
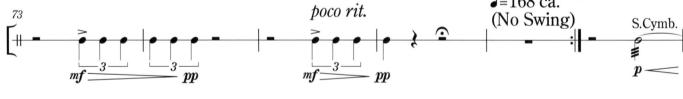

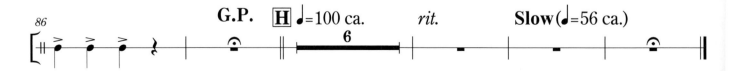

Drums (Normal)

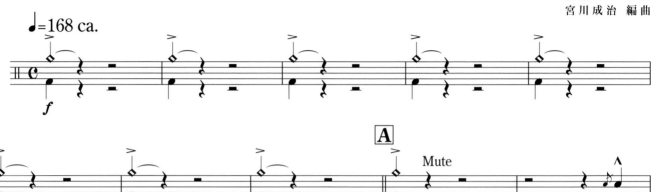

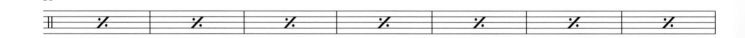

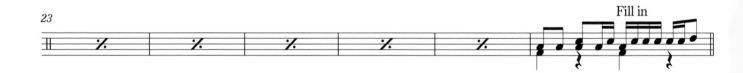

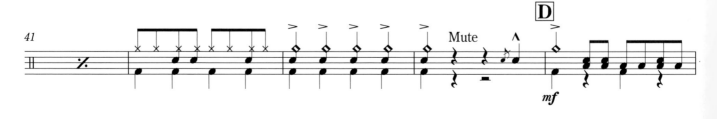

String Bass

東京スカパラダイスオーケストラ×さかなクン

およげ!たいやきくん
~潜れ!さかなクン Ver.~

佐瀬寿一 作曲
宮川成治 編曲

Trombone 3

東京スカパラダイスオーケストラ×さかなクン
およげ!たいやきくん
~潜れ!さかなクン Ver.~

佐瀬寿一 作曲
宮川成治 編曲

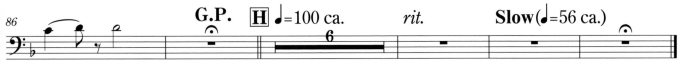

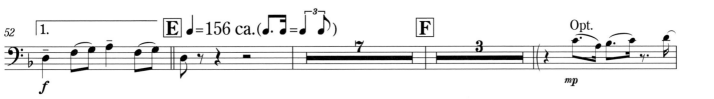

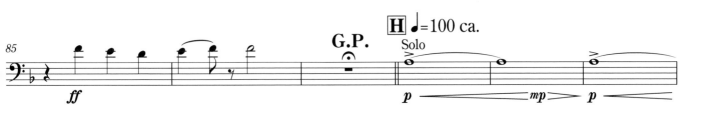
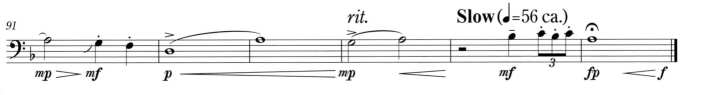

Trombone 1

東京スカパラダイスオーケストラ×さかなクン
およげ!たいやきくん
~潜れ!さかなクン Ver.~

佐瀬寿一 作曲
宮川成治 編曲

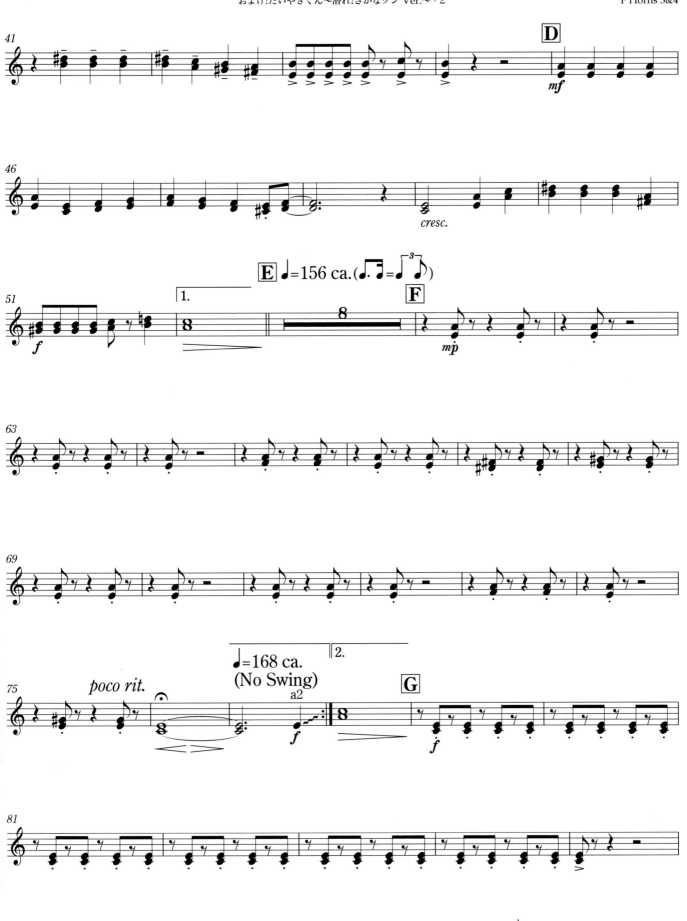
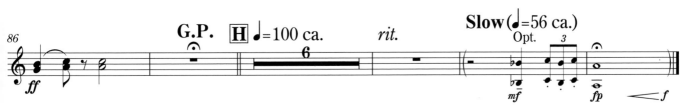

F Horns 1&2

東京スカパラダイスオーケストラ×さかなクン
およげ!たいやきくん
～潜れ!さかなクン Ver.～

佐瀬寿一 作曲
宮川成治 編曲

B♭ Trumpet 1

東京スカパラダイスオーケストラ×さかなクン
およげ!たいやきくん
~潜れ!さかなクン Ver.~

佐瀬寿一 作曲
宮川成治 編曲

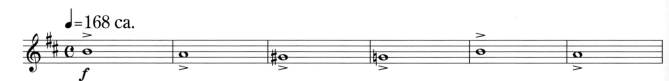

Tenor Saxophone

東京スカパラダイスオーケストラ×さかなクン
およげ!たいやきくん
～潜れ!さかなクン Ver.～

佐瀬寿一 作曲
宮川成治 編曲

Alto Saxophone 2

東京スカパラダイスオーケストラ×さかなクン

およげ!たいやきくん
~潜れ!さかなクン Ver.~

佐瀬寿一 作曲
宮川成治 編曲

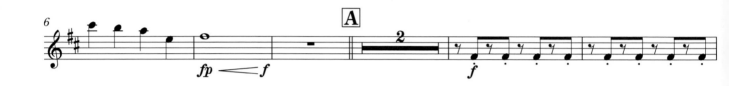

Alto Clarinet

東京スカパラダイスオーケストラ×さかなクン
およげ!たいやきくん
~潜れ!さかなクン Ver.~

佐瀬寿一 作曲
宮川成治 編曲

B♭ Clarinet 3

東京スカパラダイスオーケストラ×さかなクン
およげ!たいやきくん
~潜れ!さかなクン Ver.~

佐瀬寿一 作曲
宮川成治 編曲

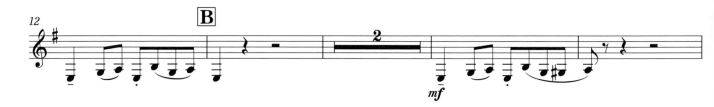

B♭ Clarinet 2

東京スカパラダイスオーケストラ×さかなクン

およげ!たいやきくん
~潜れ!さかなクン Ver.~

佐瀬寿一 作曲
宮川成治 編曲

B♭ Clarinet 1

東京スカパラダイスオーケストラ×さかなクン

およげ!たいやきくん
～潜れ!さかなクン Ver.～

佐瀬寿一 作曲
宮川成治 編曲

MEMO

Bassoon

東京スカパラダイスオーケストラ×さかなクン
およげ!たいやきくん
~潜れ!さかなクン Ver.~

佐瀬寿一 作曲
宮川成治 編曲

Oboe

東京スカパラダイスオーケストラ×さかなクン
およげ!たいやきくん
~潜れ!さかなクン Ver.~

佐瀬寿一 作曲
宮川成治 編曲

Flute 1&2

東京スカパラダイスオーケストラ×さかなクン

およげ!たいやきくん
~潜れ!さかなクン Ver.~

佐瀬寿一 作曲
宮川成治 編曲

Piccolo

東京スカパラダイスオーケストラ×さかなクン

およげ!たいやきくん
~潜れ!さかなクン Ver.~

佐瀬寿一 作曲
宮川成治 編曲

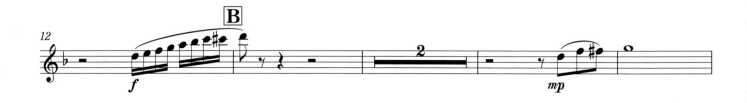